आवाज़

EK SUKOON, KHAMOSHI AUR JAZBAAT

हर्षित अग्रवाल

Made with ♥ on the Notion Press Platform
www.notionpress.com

क्रम-सूची

क्रम-सूची

क्रम-सूची

क्रम-सूची

क्रम-सूची

क्रम-सूची

प्रस्तावना

इस ज़िंदगी में हम अपने जज़्बातों को दुनिया तक पहुँचाने के लिए आवाज़ का सहारा लेते हैं। बचपन में जब हम पहली बार कुछ बोलना सीखते हैं, तो वही आवाज़ हमारी पहचान बन जाती है। आवाज़ के ज़रिये ही हम अपने दिल की बात, अपनी खुशियाँ, अपना दर्द और अपने ख़याल लोगों तक पहुँचा पाते हैं। आवाज़ सिर्फ़ सुनाई देने वाली ध्वनि नहीं होती, बल्कि यह इंसान के अंदर छुपे एहसासों और सच्चाई का आईना होती है। शायद इसीलिए हर आवाज़ के पीछे कहीं ना कहीं एक नब्ज़ धड़कती है।

आवाज़ से ही भावनाएँ आकार लेती हैं और शब्दों में ढलकर लोगों तक पहुँचती हैं। कुछ लोग अपनी आवाज़ को काग़ज़ पर लिखकर अमर कर देते हैं, तो कुछ लोग इसे बोलकर दिलों तक पहुँचा देते हैं। आवाज़ में वो ताक़त होती है जो ख़ामोशी को भी बयान कर देती है और जज़्बातों को पहचान दे देती है। आवाज़ सिर्फ़ मेरे लिए एक किताब नहीं है, ये एक सुकून, ख़ामोशी और जज़्बात है। आवाज़ मेरी ज़िंदगी में बहुत अहमियत रखती है और मेरी किताब "अल्फ़ाज़ : एक दर्द, ख़ुशी और दास्तान" और "लफ़्ज़ : एक याद, शिक़वा और एहसास" की अगली कड़ी होने के साथ-साथ, "आवाज़" इस श्रृंखला का अंतिम अध्याय भी है।

इन कुछ गुज़रे सालों में जो कुछ मैंने देखा, सीखा और समझा उन सारी अनुभूतियों को मैंने आवाज़ में लिखा है। मेरी हर एक शायरी आपको वो हर एक एहसास करवाएगी जो मैंने भी महसूस किया था।

मैं अपने परिवार, मित्रों और उन सभी अपनों का हृदय से आभार व्यक्त करता हूँ, जिनके साथ, विश्वास और प्रेम ने मेरी

आवाज़ को अल्फ़ाज़ बनने की ताक़त दी।

शायरियों की ये रचना एवं दो कविताएँ, जिनके शीर्षक "इंतज़ार" और "सब जानते हुए भी नहीं समझता" हैं, आप सभी तक पहुँचने को व्याकुल हैं।

कवर फोटो क्रेडिट

किताब के कवर फ़ोटो का क्रेडिट मेरी बहन सरगम वर्मा को जाता है | मैं इनका दिल से धन्यवाद करता हूँ की इन्होने मुझे इतनी सुन्दर फोटो दी और साथ ही साथ मुझे अनुमति भी दी की मैं उस फोटो को किताब के कवर पे लगा सकूँ |

कवर फोटो क्लिक करने का श्रेय हेमंत बिस्वास को जाता हैं |

1. शायरी 01

जब आवाज़ मेरी कोई सुन ना सके
जब मन मेरा विचलित होकर डोलने लगे
फिर कान्हा जी के सिवा कुछ समझ ना आये जब
तब वही मेरी विपदा को हर बार दूर करे

Jab Aawaz Meri Koi Sun Naa Sake
Jab Man Mera Vichalit Hokar Dolne Lage
Fir Kanha Ji Ke Siva Kuch Samajh Naa Aaye Jab
Tab Vahi Meri Vipada Ko Har Baar Dur Kare

2. शायरी 02

वो डमरू के नाद से
भोर का सूरज उगता है
जहाँ स्वयं शिव बसते हैं काशी में
वहाँ मृत्यु के उपरांत मोक्ष मिलता है

Vo Damru Ke Naad Se
Bhor Ka Suraj Ugta Hai
Jaha Swayam Shiv Baste Hain Kashi Mein
Vaha Mrityu Ke Uparant Moksh Milta Hai

3. शायरी 03

हम वक्त के गुलाम हैं
गुलाम है पर गुलाब हैं
गुलाब की क्या बात है
बात है तो निगाहों की
जो निगाहों में उनके नूर है
नूर है दिल-ए-फरेब का
फरेब ने दिल लूट लिया
लुट गया सो लुट गया
लुट के बची है देखो एक बात
बात है मलिका-ए-हुस्न की
मलिका-ए-हुस्न ही तो ख़ास है
ख़ास है तो कहते हैं, क्या बात है
क्या बात है

Hum Waqt Ke Gulam Hain
Gulam Hai Par Gulab Hain
Gulab Ki Kya Baat Hai
Baat Hai To Nigahon Ki
Jo Nigahon Mein Unke Noor Hai
Noor Hai Dil-E-Fareb Ka
Fareb Ne Dil Loot Liya

Lut Gaya So Lut Gaya
Lut Ke Bachi Hai Dekho Ek Baat
Baat Hai Malika-E-Husn Ki
Malika-E-Husn Hi To Khaas Hai
Khaas Hai To Kehte Hain, Kya Baat Hai
Kya Baat Hai

4. शायरी 04

तकलीफ़ में हूँ मगर
मुस्कुराना जानता हूँ
एक तरफा मोहब्बत में टूटा हूँ मगर
ख़ुद को आज़माना जानता हूँ

Takleef Mein Hoon Magar
Muskurana Janta Hoon
Ek Tarfa Mohabbat Mein Tuta Hoon Magar
Khud Ko Aazmana Janta Hoon

5. शायरी 05

तुझे बद्दुआ बार-बार मिलेगी
तुझे बद्दुआ बार-बार मिलेगी
अगर तेरी हरकत सुधरी नहीं
तो जहन्नुम ही सही
तेरी कब्र वही बनेगी

Tujhe Badua Baar-Baar Milegi
Tujhe Badua Baar-Baar Milegi
Agar Teri Harkat Sudhri Nahin
To Jahannum Hi Sahi
Teri Kabr Vahi Banegi

6. शायरी 06

मेरे जाने के बाद
तुम मरीज़-ए-नफ़्सियाती बनोगे क्या
मेरी कब्र पे आ के
तुम फ़रियाद करोगे क्या
कि भुला दोगे मुझे भी
जैसे बुला देते हो बेवफ़ाओं को रातों में
तुम लोगों को झूठा साबित कर के
मुझे सच में याद करोगे क्या

Mere Jane Ke Baad
Tum Mariz-E-Nafsiyati Banoge Kya
Meri Kabr Pe Aa Ke
Tum Fariyad Karoge Kya
Ki Bhula Doge Mujhe Bhi
Jaise Bhula Dete Ho Bewafaon Ko Raaton Mein
Tum Logon Ko Jhootha Sabit Kar Ke
Mujhe Sach Mein Yaad Karoge Kya

7. शायरी 07

मैंने कहा था ना
मेरी मौत का न्योता
तुझे सबसे पहले भेजूँगा
कोई आए या ना आए
मुझे फ़र्क़ नहीं पड़ता
पर तेरा आना ज़रूरी है
रोने वाले होंगे यहाँ कई
पर तेरे चेहरे की मुस्कुराहट ज़रूरी है
की मैंने कहा था ना
की मेरी चिता सज़ी होगी
पर तब भी तुझे याद रखूँगा
फ़र्क़ नहीं पड़ता अब किसी का
पर तेरा आना ज़रूरी है
और आओगी ना
तो तेरे चेहरे की मुस्कुराहट ज़रूरी है

Maine Kaha Tha Naa
Meri Maut Ka Nyota
Tujhe Sabse Pehle Bhejunga
Koi Aaye Ya Naa Aaye
Mujhe Fark Nahin Padta

Par Tera Aana Zaruri Hai
Rone Wale Honge Yahan Kai
Par Tere Chehre Ki Muskurahat Zaruri Hai
Ki Maine Kaha Tha Naa
Ki Meri Chita Saji Hogi
Par Tab Bhi Tujhe Yaad Rakhunga
Fark Nahin Padta Ab Kisi Ka
Par Tera Aana Zaruri Hai
Aur Aaogi Naa
To Tere Chehre Ki Muskurahat Zaruri Hai

8. शायरी 08

सुना है तुम मेरी मौत पर इनाम रखोगे,
अगर हम ही मर जाएँ तो क्या ही करोगे
ज़्यादा से ज़्यादा नज़्म लिखोगे,
ऐ हर्षित, तुम क्या समझते हो ख़ुद को,
कि हमको बाज़ार में बेचोगे,
और बदनाम करोगे
मगर हम ही मर जाएँ तो,
जनाब, क्या ही करोगे

Suna Hai Meri Maut Par Inaam Rakhoge,
Agar Hum Hi Mar Jaayein To Kya Hi Karoge
Zyada Se Zyada Nazm Likhoge,
Ae Harshit, Tum Kya Samajhte Ho Khud Ko,
Ki Humko Bazar Mein Bechoge,
Aur Badnaam Karoge
Magar Hum Hi Mar Jaayein To,
Janab, Kya Hi Karoge

9. शायरी 09

नीली साड़ी और ये नज़र
क्या बात है !
ख़्वाबों में दिख जाए अगर
तो क्या बात है !
बनारस के घाट की आरती जैसी
शाम ढले वो एहसास-ए-अमृता जैसी
दिल जिसको देख के कहे अगर,
तो कहे :
ये तो स्वर्ग की अप्सरा है
क्या बात है !
क्या बात है !

Neeli Saree Aur Ye Nazar
Kya Baat Hai !
Khwabon Mein Dikh Jaye Agar
To Kya Baat Hai !
Banaras Ke Ghat Ki Aarti Jaisi
Shaam Dhale Vo Ehsaas-E-Amrita Jaisi
Dil Jisko Dekh Ke Kahe Agar,
To Kahe :
Ye Swarg Ki Apsara Hai

Kya Baat Hai !
Kya Baat Hai !

10. शायरी 10

हम वादों के दाग रखते हैं जनाब
वादा ना कीजिए
कि महफ़िल में लोग कहते हमको शायर
हमसे उम्मीद-ए-वफ़ा ना कीजिए

Hum Waadon Ke Daag Rakhte Hain Janab
Waada Naa Kijiye
Ki Mehfil Mein Log Kehte Humko Shayar
Humse Umeed-E-Wafa Naa Kijiye

11. शायरी 11

मेरे सामने मसरूफ़ियत का नक़ाब मत ओढ़ो
वाक़िफ़ हूँ तुमसे इतना
कि बता सकती हूँ कि फिर तुम कहाँ खोए थे
और जाने ना जाने, तुमने दरिया-ए-समंदर कहाँ बहाया

Mere Samne Masrufiyat Ka Nakaab Mat Odho
Waqif Hoon Tumse Itna
Ki Bata Sakti Hoon Ki Fir Tum Kahan Khoye The
Aur Jaane Naa Jaane, Tumne Dariya-E-Samandar Kahan Bahaya

12. शायरी 12

जिस्म से रूह निकल जाए तो क्या होगा
मोहब्बत से रिश्ता टूट जाए तो क्या होगा
ज़िंदगी से जो हर कदम मुख़ालिफ़ है
वो मर भी जाए तो क्या होगा

Jism Se Rooh Nikal Jaye To Kya Hoga
Mohabbat Se Rishta Toot Jaye To Kya Hoga
Zindagi Se Jo Har Kadam Mukhalif Hai
Vo Mar Bhi Jaye To Kya Hoga

13. शायरी 13

आप नवाब हो, हम फ़क़ीर हैं
बस इतना ही तो अंतर है
आप नवाब हो, हम फ़क़ीर हैं
बस इतना ही तो अंतर है
साँस तो लेते हम दोनों एक जैसी
पर आपका ओहदा अमीरी के उधर है
और हमारा ग़रीबी के इधर है

Aap Nawab Ho, Hum Fakeer Hain
Bas Itna Hi To Antar Hai
Aap Nawab Ho, Hum Fakeer Hain
Bas Itna Hi To Antar Hai
Saans To Lete Hum Dono Ek Jaisi
Par Aapka Ohda Amiri Ke Udhar Hai
Aur Humara Gareebi Ke Idhar Hai

14. शायरी 14

आज भी तुम उनकी बातों से
अपना दिल जलाया करते हो
बस कहते हो, कि भुला दिया है उसे
पर तुम ख़ुद के साथ ही दगा करते हो

Aaj Bhi Tum Unki Baaton Se
Apna Dil Jalaya Karte Ho
Bas Kehte Ho, Ki Bhula Diya Hai Use
Par Tum Khud Ke Saath Hi Daga Karte Ho

15. शायरी 15

अच्छा है ना
कि यादों के फूल बाज़ार में बिकते नहीं
वरना क्या पता
तुम भी एक ख़रीद लाती

Achha Hai Naa
Ki Yaadon Ke Phool Bazar Mein Bikte Nahin
Varna Kya Pata
Tum Bhi Ek Kharid Laati

16. शायरी 16

आज इन यादों की बारात में उसे याद कर रहा हूँ
बे-सब्र हूँ, मगर उससे बात करने से डर रहा हूँ

Aaj In Yaadon Ki Barat Mein Use Yaad Kar
Raha Hoon
Be-Sabr Hoon, Magar Usse Baat Karne Se Dar
Raha Hoon

17. शायरी 17

आप ही त्रिकालदर्शी
आप ही शमशान के वासी हैं
भोले बाबा आप ही
और आप ही सम्पूर्ण काशी हैं

Aap Hi Trikaldarshi
Aap Hi Shamshaan Ke Vaasi Hain
Bhole Baba Aap Hi
Aur Aap Hi Sampurn Kashi Hain

18. शायरी 18

आजकल मैं शांत रहने लगा हूँ
आजकल मैं शांत रहने लगा हूँ
शायद गलती मेरी है
या तो फिर मैं अपनी गलतियों से सीखने लगा हूँ

Aajkal Main Shaant Rehne Laga Hoon
Aajkal Main Shaant Rehne Laga Hoon
Shayad Galti Meri Hai
Ya To Fir Main Apni Galtiyon Se Seekhne Laga Hoon

19. शायरी 19

बेहतर की तलाश ही नहीं रही हमको
साथ में बेहतरीन बनेंगे
मुंतज़िर है उस शख़्स का
जिसको हम इश्क़-ए-ज़ुनून कहेंगे

Behtar Ki Talash Hi Nahin Rahi Humko
Saath Mein Behtareen Banenge
Muntazir Hai Us Shakhs Ka
Jisko Hum Ishq-E-Junoon Kahenge

20. शायरी 20

मैं हूँ सबका, पर किसी का नहीं
जो हक जताए, समझो उसका हूँ
जो ना जताए, मैं उसका भी नहीं
मैं हूँ, पर ख़ुद को भी पता नहीं
बस इतना पता है कि मैं हूँ
पर मैं हूँ भी, और नहीं भी

Main Hoon Sabka, Par Kisi Ka Nahin
Jo Haq Jataye, Samjho Uska Hoon
Jo Naa Jataye, Main Uska Bhi Nahin
Main Hoon, Par Khud Ko Bhi Pata Nahin
Bas Itna Pata Hai Ki Main Hoon
Par Main Hoon Bhi, Aur Nahin Bhi

21. शायरी 21

तोहमत किसकी लगी है पता नहीं
कि ख़ुद को वफ़ादार दिखा नहीं सकते
वो दिखती है हमें सामने अक्सर
पर ख़ुद का दर्द-ए-हाल, हम उसे सुना नहीं सकते

Tohmat Kiski Lagi Hai Pata Nahin
Ki Khud Ko Wafadar Dikha Nahin Sakte
Vo Dikhti Hai Humein Samne Aksar
Par Khud Ka Dard-E-Haal, Hum Use Suna Nahin Sakte

22. शायरी 22

आज बुरा लगा है
पर क्या कहें
कभी जो ना जाने की बात किया करते थे
और आज देखो, वो ना मिलने की तरकीब ढूंढते रहते हैं

Aaj Bura Laga Hai
Par Kya Kahein
Kabhi Jo Naa Jaane Ki Baat Kiya Karte The
Aur Aaj Dekho, Vo Naa Milne Ki Tarkeeb
Dhoondte Rehte Hain

23. शायरी 23

ख़ुशबू-ए-बेवफ़ाई का दूसरा नाम है हर्षित
हर रंग-ए-दाग का सबसे गहरा इनाम है हर्षित
मोहब्बत तुम तलाशते हो ज़माने के मयखानों में
मगर बदज़ात-ए-गलियों का सबसे सस्ता जाम है हर्षित

Khushboo-E-Bewafai Ka Dusra Naam Hai Harshit
Har Rang-E-Daag Ka Sabse Gehra Inaam Hai Harshit
Mohabbat Tum Talashte Ho Zamane Ke Maykhanon Mein
Magar Badzaat-E-Galiyon Ka Sabse Sasta Jaam Hai Harshit

24. शायरी 24

सबसे वफ़ादार कौन होता है ?
सबसे वफ़ादार वक्त होता है
चाहे बुरा ही सही
पर आता ज़रूर है

Sabse Wafadar Kaun Hota Hai ?
Sabse Wafadar Waqt Hota Hai
Chahe Bura Hi Sahi
Par Aata Zarur Hai

25. शायरी 25

कह दिया है मौत से मैंने
“कि वक्त लगेगा तुम्हें मुझे पाने में
पहले उसकी नब्ज़ से मुझे ख़रीद के तो दिखाओ”

Keh Diya Hai Maut Se Maine
“Ki Waqt Lagega Tumhe Mujhe Paane Mein
Pehle Uski Nabz Se Mujhe Kharid Ke To Dikhao”

26. शायरी 26

तुम आओगे
और आ के चले जाओगे
मेरी नियत को मैली कर के
तुम ज़माने को मुझे, बेशर्म बताओगे
ख़ुद की पहचान तेरी है ही नहीं
तुम मुझे बदचलन बता के कहाँ तक जाओगे
मैं कोई बिकने की चीज़ नहीं हूँ
कि ग्राहक बन के आओगे
और बोली लाओगे
और ले जाओगे

Tum Aaoge
Aur Aa Ke Chale Jaoge
Meri Niyat Ko Maili Kar Ke
Tum Zamane Ko Mujhe, Besharm Bataoge
Khud Ki Pehchan Teri Hai Hi Nahin
Tum Mujhe Badchalan Bata Ke Kahan Tak Jaaoge
Main Koi Bikne Ki Cheez Nahin Hoon
Ki Grahak Ban Ke Aaoge
Aur Boli Lagaoge

Aur Le Jaaoge

27. शायरी 27

मैंने कहा मौला
रहम करो मुझपे
उन्होंने मेरी नियति में
लिखावट को जरिया बना दिया
और कहा
"तू लिख तुझे जो अच्छा लगे
तुझे मैंने एक शायर बना दिया"

Maine Kaha Maula
Rehem Karo Mujhpe
Unhone Meri Niyati Mein
Likhawat Ko Zariya Bana Diya
Aur Kaha
"Tu Likh Tujhe Jo Achha Lage
Tujhe Maine Ek Shayar Bana Diya"

28. शायरी 28

लोग कहते हैं, वो तेरी दीवानगी हैं
लोग कहते हैं, वो तेरी बन्दगी हैं
इतना कैसे टूट के चाह लेते हो हर्षित
कि अपने आँसूओं को भी कह देते हो, वो मेरी ज़िंदगी हैं

Log Kehte Hain, Vo Teri Deewangi Hain
Log Kehte Hain, Vo Teri Bandagi Hain
Itna Kaise Toot Ke Chah Lete Ho Harshit
Ki Apne Aansuon Ko Bhi Keh Dete Ho, Vo Meri Zindagi Hain

29. शायरी 29

मरहम ना लगाना इन हाथों पे मेरे
इन ज़ख़्म को निशान बन जाने दो
ख़ुद से ज़्यादा परवाह की थी ना मैंने उनकी
ख़ैर, उन्हें मेरी ज़िंदगी के पन्नों में दर्द-ए-नुक़्सान बन
जाने दो

Marham Naa Lagana In Haathon Pe Mere
In Zakhm Ko Nishan Ban Jaane Do
Khud Se Zyada Parwah Ki Thi Naa Maine Unki
Khair, Unhe Meri Zindagi Ke Pannon Mein
Dard-E-Nuksaan Ban Jaane Do

30. शायरी 30

तेरे तबाह होने का मंज़र
इन आँखों से देखने को तरस रहा हूँ
अब आशिक़ समझना या गुनहगार ही सही
पर तुझे जहन्नुम-ए-आग में तड़पते देखने को तरस रहा हूँ

Tere Tabah Hone Ka Manzar
In Aankhon Se Dekhne Ko Taras Raha Hoon
Ab Aashiq Samajhna Ya Gunehgaar Hi Sahi
Par Tujhe Jahannum-E-Aag Mein Tadapte
Dekhne Ko Taras Raha Hoon

31. शायरी 31

उसने तो ज़माने को मयख़ाना समझा था
रोज़ उसको एक नया जाम चाहिए था
चख कर छोड़ देना तो फ़ितरत थी उसकी
उसको तो बस, हमारा नाम बेवफ़ा-ए-बदनाम चाहिए था

Usne To Zamane Ko Maykhana Samjha Tha
Roz Usko Ek Naya Jaam Chahiye Tha
Chakh Kar Chhod Dena To Fitrat Thi Uski
Usko To Bas, Humara Naam
Bewafa-E-Badnaam Chahiye Tha

32. शायरी 32

तेरी मेरी किस्मत
एक डोर से बँधी है
तू आएगी तो ठीक है
तू जाएगी तो ठीक है
मैं बैठा रहूँगा घाट किनारे वही
तू बुलाएगी तो ठीक है
ना बुलायेगी तो ठीक है
मैं कभी कहूँगा नहीं तुझे कुछ भी
बदनाम भी नहीं करूँगा
भुला दूँगा तुझे, सारे पन्ने जला के
तू लौटेगी तो ठीक है
ना लौटेगी तो ठीक है

Teri Meri Kismat
Ek Dor Se Bandhi Hai
Tu Aayegi To Thik Hai
Tu Jaayegi To Thik Hai
Main Baitha Rahunga Ghat Kinare Vahi
Tu Bulayegi To Thik Hai
Na Bulayegi To Thik Hai
Main Kabhi Kahunga Nahin Tujhe Kuch Bhi

Badnaam Bhi Nahin Karunga
Bhula Dunga Tujhe, Saare Panne Jala Ke
Tu Lautegi To Thik Hai
Na Lautegi To Thik Hai

33. शायरी 33

जो रुख़्सत हुआ वो मेरा दिल था
जिसका तूने तमाशा बना दिया
क़दर भी ना की तूने मोहब्बत-ए-ज़मीर की
हर महफ़िल में मुझे बेवफ़ा और ख़ुद को वफ़ादार बता दिया

Jo Rukhsat Hua Vo Mera Dil Tha
Jiska Tune Tamasha Bana Diya
Kadar Bhi Naa Ki Tune Mohabbat-E-Zameer Ki
Har Mehfil Mein Mujhe Bewafa Aur Khud Ko Wafadar Bata Diya

34. शायरी 34

मौत की दुआ है, कबूल हो जाए
वैसे मर तो चुका हूँ सबकी नज़रों में मैं
अब तो मेरी चिता जल जाए
और किसी को याद भी ना आए

Maut Ki Dua Hai, Qubool Ho Jaye
Vaise Mar To Chuka Hoon Sabki Nazron Mein Main
Ab To Meri Chita Jal Jaye
Aur Kisi Ko Yaad Bhi Naa Aaye

35. शायरी 35

क्या ही उम्मीद रखूं ज़माने से
देखो ये ज़माना ही बदल गया
अब ख़ुद पर भी भरोसा रहा नहीं
देखो मेरा सब कुछ बिखर गया

Kya Hi Umeed Rakhoon Zamane Se
Dekho Ye Zamana Hi Badal Gaya
Ab Khud Par Bhi Bharosa Raha Nahin
Dekho Mera Sab Kuch Bikhar Gaya

36. शायरी 36

ज़ख्म गहरा है
वक़्त लगेगा भरने में
उसकी मुस्कुराहट बेवफ़ा थी
और हम लगे रहे उसे ग़लत साबित करने में

Zakhm Gehra Hai
Waqt Lagega Bharne Mein
Uski Muskurahat Bewafa Thi
Aur Hum Lage Rahe Use Galat Saabit Karne Mein

37. शायरी 37

अगर गलती मेरी है
तो मुकम्मल-ए-सज़ा मुझे मिले
अगर गलती तेरी है
तो भी मुकम्मल-ए-सज़ा मुझे मिले
मैं हूँ ही उसी के काबिल
कि जहन्नुम-ए-किनारा मुझे मिले

Agar Galti Meri Hai
To Mukammal-E-Saza Mujhe Mile
Agar Galti Teri Hai
To Bhi Mukammal-E-Saza Mujhe Mile
Main Hoon Hi Usi Ke Kabil
Ki Jahannum-E-Kinaara Mujhe Mile

38. शायरी 38

जिसको दिल दिया
उसने दिल तोड़ दिया जनाब
मेरी इश्क़-ए-कश्ती का
रुख़ मोड़ दिया जनाब
कैसे कहूँ मोहब्बत थी उनसे
ख़ैर, उनकी बदज़ात गलियों में जाना छोड़ दिया जनाब

Jisko Dil Diya
Usne Dil Tod Diya Janab
Meri Ishq-E-Kashti Ka
Rukh Mod Diya Janab
Kaise Kahoon Mohabbat Thi Unse
Khair, Unki Badzaat Galiyon Mein Jaana Chhod Diya Janab

39. शायरी 39

कब्र बने मेरी तेरी चौखट पे
तू रोज़ उसको निहारे
लांघ के भी बाहर, कहीं तू जा ना सके
तड़पते हुए अंदर मरे
जो झूठा दाग लगाया है मुझ पर बेवफ़ाई का
अब तू चाह के भी वो इल्ज़ाम हटा ना सके

Kabr Bane Meri Teri Chaukhat Pe
Tu Roz Usko Nihaare
Laangh Ke bhi Bahar, Kahin Tu Ja Naa Sake
Tadapte Hue Andar Mare
Jo Jhootha Daag Lagaya Hai Mujh Par Bewafai Ka
Ab Tu Chah Ke Bhi Vo Ilzaam Hata Naa Sake

40. शायरी 40

अगर किसी के लिए बदलना पड़े
तो हाँ मैं बदलूँगा
अगर किसी के लिए टूट के जुड़ना पड़े
तो हाँ मैं जुडूँगा
तुम एक बात याद रखना हर्षित
कि प्यार-ए-स्याही से कलमा लिखा जाए तो
फ़ुर्सत-ए-शाम निकाल के, हाँ मैं पढूँगा

Agar Kisi Ke Liye Badalna Pade
To Haan Main Badlunga
Agar Kisi Ke Liye Toot Ke Judna Pade
To Haan Main Judunga
Tum Ek Baat Yaad Rakhna Harshit
Ki Pyar-E-Syahi Se Kalma Likha Jaye To
Fursat-E-Shaam Nikal Ke, Haan Main Padhunga

41. शायरी 41

हार चुका हूँ मैं ज़माने की हरकतों से
रुक्सत ही सही, हो चुका हूँ मुकद्दर की लकीरों से

Haar Chuka Hoon Main Zamane Ki Harkaton Se
Rukhsat Hi Sahi, Ho Chuka Hoon Muqaddar Ki Lakiron Se

42. शायरी 42

जानता हूँ मैं कि कहीं ना कहीं ग़लत होऊँगा
पर नहीं जानता कि कैसे मैं सही होऊँगा

Jaanta Hoon Main Ki Kahin Naa Kahin Galat Hounga
Par Nahin Jaanta Ki Kaise Main Sahi Hounga

43. शायरी 43

इंतज़ार करते-करते अब तो रात भी बीतने लगी
देखो चाँद भी सोने की गुहार लगाने लगा है
तुम्हारा ना जवाब आया, ना ही दीदार हुआ हमें
ख़ैर, तुम्हें हमें तड़पता देखने में मज़ा आ रहा है

Intezaar Karte-Karte Ab To Raat Bhi Beetne Lagi
Dekho Chand Bhi Sone Ki Guhaar Lagane Laga Hai
Tumhara Naa Jawab Aaya, Naa Hi Deedar Hua Humein
Khair, Tumhe Humein Tadapta Dekhne Mein Maza Aa Raha Hai

44. शायरी 44

लोग वफ़ादार होते होंगे
पर हर्षित जैसी बेवफ़ाई चुभती है
जानते हो, कितनों के दिलों से खेला है उसने
तो पूछो उन आँसुओं से, जो आज भी गवाही देती हैं

Log Wafadar Hote Honge
Par Harshit Jaisi Bewafai Chubhti Hai
Jaante Ho, Kitnon Ke Dilon Se Khela Hai Usne
To Pucho Un Aansuon Se, Jo Aaj Bhi Gawahi
Deti Hain

45. शायरी 45

खो के तूने क्या पाया है
ना जाने तूने आज क्या कमाया है
जनाब प्यार, मोहब्बत, इश्क़, दोस्ती सब एक तरफ़
तूने अपने अहम में एक फ़रिश्ता गवाया है

Kho Ke Tune Kya Paya Hai
Na Jaane Tune Aaj Kya Kamaya Hai
Janab Pyar, Mohabbat, Ishq, Dosti Sab Ek Taraf
Tune Apne Aham Mein Ek Farishta Gawaya Hai

46. शायरी 46

अगर बदल जाऊँ उसके लिए
तो वो मेरी मोहब्बत है
अगर उसकी ख़ामोशी समझ लूँ
तो वो मेरी इबादत है
जान लो इस फ़क़ीर-ए-इश्क़ की
अब वो ही एक ज़रूरत है
अब वो ही एक आदत है

Agar Badal Jaaun Uske Liye
To Vo Meri Mohabbat Hai
Agar Uski Khamoshi Samajh Loon
To Vo Meri Ibadat Hai
Jaan Lo Is Fakeer-E-Ishq Ki
Ab Vo Hi Ek Zarurat Hai
Ab Vo Hi Ek Aadat Hai

47. शायरी 47

दिल के रिश्ते
दिल से निभाये जाते हैं जनाब
हमने मोहब्बत तो कब की छोड़ दी
ख़ैर, बेवफ़ाओं के घर में, हम आग लगाया नहीं करते हैं जनाब

Dil Ke Rishte
Dil Se Nibhaye Jaate Hain Janab
Humne Mohabbat To Kab Ki Chhod Di
Khair, Bewafaon Ke Ghar Mein, Hum Aag Lagaya Nahin Karte Hain Janab

48. शायरी 48

तुम्हें जन्नत-ए-जहां माना था अपनी
पर तुम भी औरों जैसी निकली
ख़ंजर सीधा दिल में उतार दिया
तुम बेहया थी पर बेवफ़ा भी निकली

Tumhe Jannat-E-Jahaan Maana Tha Apni
Par Tum Bhi Auron Jaisi Nikli
Khanjar Seedha Dil Mein Utar Diya
Tum Behaya Thi Par Bewafa Bhi Nikli

49. शायरी 49

चाहत बरसने की है कि ख़ुद में मिला लेना मुझे
शहद की प्याली समझ के लबों से लगा लेना मुझे

Chahat Barasne Ki Hai Ki Khud Mein Mila Lena Mujhe
Shahad Ki Pyali Samajh Ke Labon Se Laga Lena Mujhe

50. शायरी 50

यादों की बारात में मेरी मौत सज़ी है
और तेरा बेवफ़ा होना भी लाज़मी है
बस फ़रक इतना है
मेरी मौत सज़ी है और तेरा कुछ होना लाज़मी है

Yaadon Ki Baaraat Mein Meri Maut Saji Hai
Aur Tera Bewafa Hona Bhi Lazmi Hai
Bas Farak Itna Hai
Meri Maut Saji Hai Aur Tera Kuch Hona Lazmi Hai

51. शायरी 51

क्या कहें जनाब
जब तुम नीले लिबास में निकलती हो
इस हर्षित का मन मोह के
तुम मलिका-ए-नूर सी लगती हो
देखता हूँ, मैं उस चाँद को अक्सर
पर तुम उससे ज़्यादा चमकती हो
तुम मलिका-ए-नूर सी लगती हो

Kya Kahein Janab
Jab Tum Neele Libaas Mein Nikalti Ho
Is Harshit Ka Man Moh Ke
Tum Malika-E-Noor Si Lagti Ho
Dekhta Hoon, Main Us Chand Ko Aksar
Par Tum Usse Zyada Chamakti Ho
Tum Malika-E-Noor Si Lagti Ho

52. शायरी 52

नज़रों से नज़रें मिला के कह दो
कि हमारी मोहब्बत सच्ची थी ही नहीं
बस गुनाह इतना था की बुरे लोग थे
और हमें बुरा बनना था ही नहीं

Nazron Se Nazrein Mila Ke Keh Do
Ki Humari Mohabbat Sachi Thi Hi Nahin
Bas Gunah Itna Tha Ki Bure Log The
Aur Hume Bura Banana Tha Hi Nahin

53. शायरी 53

मुझे बेदर्द कह के
तू ख़ुद को मासूम बताएगी
कुछ तो ख़ुदा का ख़ौफ़ कर
तू कितनों के दिल जलाएगी
जानता है ज़माना तेरे हर इरादों को
फिर भी तो ख़ुद को शरीफ़ और हमको बेवफ़ा बताएगी

Mujhe Bedard Keh Ke
Tu Khud Ko Masum Batayegi
Kuch To Khuda Ka Khauf Kar
Tu Kitnon Ke Dil Jalayegi
Jaanta Hai Zamana Tere Har Iradon Ko
Fir Bhi Tu Khud Ko Sharif Aur Humko Bewafa Batayegi

54. शायरी 54

पता नहीं था
कि एक दिन ऐसा भी आएगा
आँखों में नमी होगी
और होंठ मुस्कुराएगा
जाते हुए उसे देखेगा भले
पर जनाब चाहते हुए भी उसे रोका नहीं जाएगा
दीदार-ए-आलम अब करेगा बेवफ़ाओं का अक्सर
पर उस रूप-ए-हुस्न को वो भुला नहीं पाएगा

Pata Nahin Tha
Ki Ek Din Aisa Bhi Aayega
Aankhon Mein Nami Hogi
Aur Honth Muskurayega
Jaate Hue Use Dekhega Bhale
Par Janab Chahte Hue Bhi Use Roka Nahin Jaayega
Deedar-E-Aalam Ab Karega Bewafaon Ka Aksar
Par Us Roop-E-Husn Ko Vo Bhula Nahin Payega

55. शायरी 55

कुछ ज़ख़्म ऐसे भी होते हैं
जिनका कोई इलाज़ नहीं होता है
दिल पे ख़ंजर-ए-वार ऐसा हुआ होगा
ख़ैर, अब तो ये दर्द इन आँखों में झलकता है

Kuch Zakhm Aise Bhi Hote Hain
Jinka Koi Ilaaz Nahin Hota Hai
Dil Pe Khanjar-E-Vaar Aisa Hua Hoga
Khair, Ab To Ye Dard In Aankhon Mein Jhalkta Hai

56. शायरी 56

कैसे कहूँ ख़ुद को गुनहगार यहाँ
तुमने भी ताबीज़ में ज़हर, डाल के बाँधी थी
बेवफ़ा तो हूँ, ज़माने के लिए मैं
पर तुमने तो अज़ानों में मेरी बर्बादी ही माँगी थी

Kaise Kahoon Khud Ko Gunahgaar Yahan
Tumne Bhi Tabeez Mein Zehar, Daal Ke Bandhi Thi
Bewafa To Hoon, Zamane Ke Liye Main
Par Tumne To Azaanon Mein Meri Barbaadi Hi Mangi Thi

57. शायरी 57

हम दर्द में हैं
पर चलो कोई बात नहीं
तुम्हें कह नहीं पाएंगे
पर चलो कोई बात नहीं
जिस दिन हक़ीक़त से वाखिफ़ हो जाएँगे
तुमसे मुह मोड़ जाएँगे
फिर तुम कह भी नहीं पाओगी
कि चलो कोई बात नहीं

Hum Dard Mein Hain
Par Chalo Koi Baat Nahin
Tumhe Keh Nahin Payenge
Par Chalo Koi Baat Nahin
Jis Din Hakikat Se Wakif Ho Jayenge
Tumse Muh Mod Jayenge
Fir Tum Keh Bhi Nahin Paogi
Ki Chalo Koi Baat Nahin

58. शायरी 58

दर्द ही आवाज़ है हमारी
नहीं सुनानी हमें अपनी कहानी
ज़्यादा उम्मीद नहीं रखिएगा हमसे
वरना कहीं छलक ना जाये आँखों से पानी

Dard Hi Aawaz Hai Humari
Nahin Sunani Humein Apni Kahani
Zyada Umeed Nahin Rakhiyega Humse
Varna Kahin Chhalak Naa Jaye Aankhon Se Paani

59. शायरी 59

हम इतने भी मोहताज नहीं हुए हैं
कि किसी के आगे झुक जाते हैं
जानते हैं अक्सर, कि नाकामी आती है
मगर, हम भी अपने जीत के जज़्बे से आगे बढ़ते जाते हैं

Hum Itne Bhi Mohtaaj Nahin Hue Hain
Ki Kisi Ke Aage Jhuk Jaate Hain
Jaante Hain Aksar, Ki Nakami Aati Hai
Magar, Hum Bhi Apne Jeet Ke Jazbe Se Aage
Badhte Jaate Hain

60. शायरी 60

तू धोखेबाज़ हर्षित
तेरा नाम ही ऐसा है
मुस्कुराते-मुस्कुराते तोड़ देते हो
हया-ए-दिल ऐसा
की तुम किसी को कभी भी छोड़ देते हो
सीतम-ए-हालात ना देखते किसी की
तुम मुस्कुराते-मुस्कुराते अपना रास्ता ही मोड़ लेते हो

Tu Dhokebaaz Harshit
Tera Naam Hi Aisa Hai
Muskurate-Muskurate Tod Dete Ho
Hayaa-E-Dil Aisa
Ki Tum Kisi Ko Kabhi Bhi Chhod Dete Ho
Sitam-E-Haalaat Naa Dekhte Kisi Ki
Tum Muskurate-Muskurate Apna Rasta Hi Mod Lete Ho

61. शायरी 61

ख़ुद की महफ़िलों में आग लगायी है हमने
ख़ुद की महफ़िलों में आग लगायी है हमने
खैर, किसी को क्या ही फ़र्क़ पड़ता है
मेरे होने या ना होने का
कब्र मिट्टी की नहीं, पन्नों की सजाई है हमने

Khud Ki Mehfilon Mein Aag Lagayi Hai Humne
Khud Ki Mehfilon Mein Aag Lagayi Hai Humne
Khair, Kisi Ko Kya Hi Fark Padta Hai
Mere Hone Ya Naa Hone Ka
Kabr Mitti Ki Nahin, Pannon Ki Sajayi Hai Humne

62. शायरी 62

ज़िक्र हो कभी
हो तो तेरा नहीं
इन लबों पे नाम आये
नाम वो तेरा नहीं
ख़ुद को वफ़ादार समझती हो क्या
पर ज़ालिम वो तो काम जो तेरा नहीं

Zikr Ho Kabhi
To Ho Tera Nahin
In Labon Pe Naam Aaye
Naam Vo Tera Nahin
Khud Ko Wafadar Samajhti Ho Kya
Par Zaalim Vo To Kaam Jo Tera Nahin

63. शायरी 63

वो चाँद भी शर्मा जाता है
जब तुम काले लिबास में निकलती हो
मानो एक जादुई समा छा सा जाता है
ख़ैर, तुम परियों की महारानी सी लगती हो

Vo Chand Bhi Sharma Jaata Hai
Jab Tum Kaale Libas Mein Nikalti Ho
Maano Ek Jadui Samaa Chha Saa Jaata Hai
Khair, Tum Pariyon Ki Maharani Si Lagti Ho

64. शायरी 64

जो ख़ुद पे इल्ज़ाम लगाते हैं ना
वो अक्सर गुनहगार नहीं होते हैं
मोहब्बत-ए-इज़्ज़त रखने के लिए
वो ख़ुद बदनाम बन जाते हैं

Jo Khud Pe Ilzaam Lagate Hain Naa
Vo Aksar Gunehgar Nahin Hote Hain
Mohabbat-E-Izzat Rakhne Ke Liye
Vo Khud Badnaam Ban Jaate Hain

65. शायरी 65

वो अब मेरी तकलीफ़ों से वाक़िफ़ नहीं
क्योंकि उनके नाम का दर्ज़ा बड़ा हो गया है
अब तो चाहत भी मेरे दिल में बची नहीं
बस अब तो चाहत का ज़नाज़ा निकलना बचा रह गया है

Vo Ab Meri Takleefon Se Waqif Nahin
Kyoki Unke Naam Ka Darza Bada Ho Gaya Hai
Ab To Chahat Bhi Mere Dil Mein Bachi Nahin
Bas Ab To Chahat Ka Janaja Nikalna Bacha
Reh Gaya Hai

66. शायरी 66

थोड़ा दूर हूँ जनाब
तो आप मोहब्बत की बात करते हैं
जान लो कि दिल से निभायी जाती है मोहब्बत
पर पास रह के तो सिर्फ़ नाते बनाए जाते हैं

Thoda Dur Hoon Janab
To Aap Mohabbat Ki Baat Karte Hain
Jaan Lo Ki Dil Se Nibhayi Jaati Hai Mohabbat
Par Paas Reh Ke To Sirf Naate Banaye Jaate Hain

67. शायरी 67

यादों का क्या वो तो बस्ता पकड़े रोज़ आ जाती है
चाहत पढ़ने की हो ऐसी गुहारें लगाती हैं
पर जो दर्द, दाग-ए-स्याही का लगा है ना
की ख़ुद को नई किताब बता के, वो मरहम नहीं बन सकती है

Yaadon Ka Kya Vo To Basta Pakde Roz Aa Jaati Hai
Chahat Padhne Ki Ho Aisi Guhaare Lagati Hain
Par Jo Dard, Daag-E-Syahi Ka Laga Hai Naa
Ki Khud Ko Nayi Kitaab Bata Ke, Vo Marham Nahin Ban Sakti Hai

68. शायरी 68

मैं ख़ुदा की हिरासत में बैठा था
पर ना जाने कैसे नज़र लग गई
कहते थे जिसको हम ज़िल-ए-इल्लाही कभी
आज देखो वही मेरी ज़िंदगी में मुहतज़र बन गई

Main Khuda Ki Hiraasat Mein Baitha Tha
Par Naa Jaane Kaise Nazar Lag Gayi
Kehte The Jisko Hum Zil-E-Illahi Kabhi
Aaj Dekho Vahi Meri Zindagi Mein Muhtazar Ban Gayi

69. शायरी 69

खुश हुए तो अरसा हो गया है
ग़म से खेलने की आदत बन गई
किसी ने पूछा ही नहीं कि मसला क्या है,
क्या है तेरी खामोशी का शिकवा
ख़ैर छोड़िये जनाब, अब वो तो मेरी बर्बादी-ए-इबादत बन गई

Khush Hue To Arsa Ho Gaya Hai
Gam Se Khelne Ki Aadat Ban Gayi
Kisi Ne Pucha Hi Nahin Ki Masla Kya Hai,
Kya Hai Teri Khamoshi Ka Shikwa
Khair Chodiye Janab, Ab Vo To Meri
Barbadi-E-Ibaadat Ban Gayi

70. शायरी 70

सारी गलती मेरी
पर वो हक़ मुझपे ही जमाते हैं
समझ नहीं आ रहा मुझे कुछ अब
पर देखो, वो गुस्सा और प्यार दोनों तरीक़ों से समझाते हैं

Saari Galti Meri
Par Vo Haq Mujhpe Hi Jamate Hain
Samajh Nahin Aa Raha Mujhe Kuch Ab
Par Dekho, Vo Gussa Aur Pyar Dono Tarikon
Se Samajhate Hain

71. शायरी 71

सुनो तकलीफ़ एक बात करनी है तुमसे
"जितना हो उतनी ज़हमत दो मुझे
मार दो, इन आँसूओं को बहा के
की फिर उम्मीद भी मुझे उठा ना सके"

Suno Takleef Ek Baat Karni Hai Tumse
"Jitna Ho Utni Zehmat Do Mujhe
Maar Do, In Aansuon Ko Bahaa Ke
Ki Fir Umeed Bhi Mujhe Utha Naa Sake"

72. शायरी 72

तुम चमकती हो चाँद की तरह
दिल में उतरती हो गुलाब की तरह
क्या ही नवाज़ा है ख़ुदा ने तुम्हें
की बन गई हो, तुम मेरी ज़िंदगी में एक ख़्वाब की तरह

Tum Chamakti Ho Chand Ki Tarah
Dil Mein Utarti Ho Gulab Ki Tarah
Kya Hi Nawaza Hai Khuda Ne Tumhe
Ki Ban Gayi Ho, Tum Meri Zindagi Mein Ek
Khwab Ki Tarah

73. शायरी 73

ख़ुदा करे तेरी महफ़िल में मेरी मौत हो जाए
तू सज़दा दूसरे के लिए जो कर रही हो
वो तबाह हो जाए
सुकून-ए-आँखों में तेरे बसे भी नहीं
तेरी जन्नत सी ज़िन्दगी, जहन्नुम हो जाए
तू समझ भी ना पाए
और बर्बाद हो जाए

Khuda Kare Teri Mehfil Mein Meri Maut Ho Jaye
Tu Sajda Dusre Ke Liye Jo Kar Rahi Ho
Vo Tabah Ho Jaye
Sukoon-E-Aankhon Mein Tere Base Bhi Nahin
Teri Jannat Si Zindagi, Jahannum Ho Jaye
Tu Samajh Bhi Naa Paye
Aur Barbaad Ho Jaye

74. शायरी 74

मौत तो एक ही बार में मिलती है
पर तकलीफ़ बार-बार दर पे आ जाती है
जानता ही नहीं क्या ग़लत क्या सही
मगर, क़िस्मत मुझे रूलाये बिना कहाँ ही मानती है

Maut To Ek Hi Baar Mein Milti Hai
Par Takleef Baar-Baar Dar Pe Aa Jaati Hai
Jaanta Hi Nahin Kya Galat Kya Sahi
Magar, Kismat Mujhe Rulaye Bina Kahan Hi
Manti Hai

75. शायरी 75

ज़रा उनसे कहिएगा
की ज़ख़्म जिसने दिया
वो ज़ख़्म, ज़ख़्म ही होता है
और देने वाला अगर अपना ही हो
तो वो और गहरा ही होता है

Zara Unse Kahiyega
Ki Zakhm Jisne Diya
Vo Zakhm, Zakhm Hi Hota Hai
Aur Dene Wala Agar Apna Hi Ho
To Vo Aur Gehra Hi Hota Hai

76. शायरी 76

दिल मरता भी जिसके लिए
आज उसकी मोहब्बत ही खंजर बनी है
अब तो सारे अरमानों को मैंने, दफ़न किया है कब्र में
पर उसकी बेवफ़ा-ए-यादें मेरे दिल पे आज भी एक क़हर बनी है

Dil Marta Bhi Jiske Liye
Aaj Uski Mohabbat Hi Khanjar Bani Hai
Ab To Saare Armaanon Ko Maine, Dafna Diya Hai Kabr Mein
Par Uski Bewafa-E-Yaadein Mere Dil Pe Aaj Bhi Ek Kehar Bani Hai

77. शायरी 77

वक़्त और अरमान बदलते हैं जनाब
इश्क़ और रिश्ते भी बदलते हैं
जिसका साया अंधेरों से होता है ना
उसकी तक़दीर और फ़रिश्ते भी बदलते हैं

Waqt Aur Armaan Badalte Hain Janab
Ishq Aur Rishte Bhi Badalte Hain
Jiska Saayaa Andheron Se Hota Hai Naa
Uski Takdeer Aur Farishte Bhi Badalte Hain

78. शायरी 78

बच्चे कोरा काग़ज़ होते हैं
जो लिखोगे वो लिखा जाएगा
सफ़ीना लिखोगे तो कामयाबी लिखी जाएगी
अगर दर्द लिखोगे तो अज़ीयत लिखी जाएगी
बनाना है तो उन्हें उक़दा-ए-कुशा बनाओ
की जो ज़माने को खुशियों की आदत सिखाएगी

Bachhe Kora Kagaz Hote Hain
Jo Likhoge Vo Likha Jayega
Safina Likhoge To Kamyabi Likhi Jayegi
Agar Dard Likhoge To Aziyat Likhi Jayegi
Banana Hai To Unhe Uqda-E-Kusha Banao
Ki Jo Zamane Ko Khushiyon Ki Aadat Sikhayegi

79. शायरी 79

मैं वक्त का मारा हूँ
बैठा एक बेचारा हूँ
मेरी कहानी कुछ ख़ास नहीं है
बस मुसाफ़िर हूँ और ज़िंदगी का हारा हूँ

Main Waqt Ka Maara Hoon
Baitha Ek Bechara Hoon
Meri Kahani Kuch Khaas Nahin Hai
Bas Musafir Hoon Aur Zindagi Ka Haara Hoon

80. शायरी 80

धोखा दिया तूने मुझे
कोई वज़ह तो होगी
जो नफ़रत कर बैठी मुझसे
शायद कोई अज़ा तो होगी
कमी मेरी ही थी मोहब्बत में
अब इसकी कोई सज़ा तो होगी

Dhoka Diya Tune Mujhe
Koi Vajah To Hogi
Jo Nafrat Kar Bethi Mujhse
Shayad Koi Azaa To Hogi
Kami Meri Hi Thi Mohabbat Mein
Ab Iski Koi Sajaa To Hogi

81. शायरी 81

मैं परिंदा हूँ
मगर, मुझे आज़माया जा रहा है
पिंजरे में बंद नहीं होना
मगर देखो, मेरा पर काटा जा रहा है
इस सफ़र में मेरा कोई साथ तो दे
मगर मुझे तहज़ीब से बेवफ़ा बनाया जा रहा है

Main Parinda Hoon
Magar, Mujhe Aazmaayaa Jaa Raha Hai
Pinjare Mein Band Nahin Hona
Magar Dekho, Mera Par Kaata Jaa Raha Hai
Is Safar Mein Mera Koi Saath To De
Magar Mujhe Tehzeeb Se Bewafa Banaya Jaa Raha Hai

82. शायरी 82

झुकता हूँ जिसके आगे
वही मेरा ख़ुदा है
मैं पीर-ए-फ़क़ीर भी नहीं
पर उसकी मुझपे दया है
मुसाफ़िर बन के चलू अगर
तो हाथ थामने आता है
वो और कोई नहीं, वही मेरा ख़ुदा है

Jhukta Hoon Jiske Aage
Vahi Mera Khuda Hai
Main Pir-E-Fakeer Bhi Nahin
Par Uski Mujhpe Daya Hai
Musaafir Ban Ke Chalu Agar
To Haath Thamne Aata Hai
Vo Aur Koi Nahi, Vahi Mera Khuda Hai

83. शायरी 83

किस बात का घमंड करूँ मैं
उसने तो पराया बना दिया सबके सामने
अब आप उस बेवफ़ा की बात क्यों करते हो जनाब
उसने तो मेरे जज़्बातों को अंगारों पे सुलगा दिया सबके सामने

Kis Baat Ka Ghamand Karu Main
Usne To Paraya Bana Diya Sabke Samne
Ab Aap Us Bewafa Ki Baat Kyon Karte Ho Janab
Usne To Mere Jazbaaton Ko Angaaron Pe Sulga Diya Sabke Samne

84. शायरी 84

मेरा हाल मत पूछो मुझसे
मैं गवाही नहीं दे पाऊँगा
जो क़त्ल हुआ मेरे दिल-ए-आलम का
मैं और एक ज़ख्म सह नहीं पाऊँगा

Mera Haal Mat Pucho Mujhse
Main Gawahi Nahin De Paunga
Jo Katl Hua Mere Dil-E-Alam Ka
Main Aur Ek Zakhm Seh Nahin Paunga

85. शायरी 85

आँखों में आँसू है मगर
होंठों पे मुस्कुराहट ले के चलता हूँ
हारा हूँ आज अगर
पर याद रखना
की ये सृष्टि जीतने की काबिलियत रखता हूँ

Aankhon Mein Aansu Hai Magar
Honthon Pe Muskurahat Le Ke Chalta Hoon
Haara Hoon Aaj Agar
Par Yaad Rakhna
Ki Ye Shristi Jeetne Ki Kabiliyat Rakhta Hoon

86. शायरी 86

जब दिल तोड़ना ही था
तो आयी क्यों
इन आँखों को
अपना नशा लगायी क्यों
मिलना ही नहीं था मुक़्क़दर में अगर
तो जाम से जाम मिलायी क्यों

Jab Dil Todna Hi Tha
To Aayi Kyon
In Aakhon Ko
Apna Nasha Lagayi Kyon
Milna Hi Nahin Tha Mukaddar Mein Agar
To Jaam Se Jaam Milayi Kyon

87. शायरी 87

गुलाबी साड़ी पहने
आप परियों की रानी सी लगती हो
अब तो चाँद भी कहने लगा है
वाह ! क्या नूर सी चमकती हो

Gulabi Saree Pehne
Aap Pariyon Ki Rani Si Lagti Ho
Ab To Chand bhi Kehne Laga Hai
Wah ! Kya Noor Si Chamakti Ho

88. शायरी 88

मैं बदल गया
तुम भी बदल गई
सब ख़त्म-सा हो गया
कब तक मैं इन टुकड़ों को समेटता फिरूँ
आज तो सब कुछ बिखर गया
जहाँ तेरे होने की आहट तक महसूस होती थी
वो कमरा भी आज सुनसान हो गया
अब बस लोगों का कहना ही बचा है
की देखो वक़्त बदल गया

Main Badal Gaya
Tum Bhi Badal Gayi
Sab Khatam-Sa Ho Gaya
Kab Tak Main In Tukdon Ko Sametta Firu
Aaj To Sab Kuch Bikhar Gaya
Jaha Tere Hone Ki Aahat Tak Mehsoos Hoti Thi
Vo Kamra Bhi Aaj Sunsaan Ho Gaya
Ab Bas Logon Ka Kehna Hi Bacha Hai
Ki Dekho Waqt Badal Gaya

89. शायरी 89

मैंने देखा है अपनों को बदलते हुए
मैंने देखा है आसमानों को डलते हुए
भले तजुर्बा कम क्यों ना हो मेरा
मैंने देखा है ख़ुद के सपनों को जलते हुए

Maine Dekha Hai Apnon Ko Badalte Hue
Maine Dekha Hai Aasmanon Ko Dalte Hue
Bhale Tajurba Kam Kyon Naa Ho Mera
Maine Dekha Hai Khud Ke Sapnon Ko Jalte Hue

90. शायरी 90

तेरी अल्फ़ाज़-ए-अत्तर सी घुलती है
तू लफ़्ज़ों का शहज़ादा है
ख़ुदा ने नवाज़ा है तुझे एक ऐसी कला
की तू आवाज़ से दिल को मोह लेता है

Teri Alfaaz-E-Atar Si Ghulti Hai
Tu Lafazon Ka Shehzaada Hai
Khuda Ne Nawazaa Hai Tujhe Ek Aisi Kala
Ki Tu Aawaz Se Dil Ko Moh Leta Hai

91. शायरी 91

तुझे दिल से निकालना
बड़ा मुश्किल है हर्षित
तेरी तरह बनना
बड़ा मुश्किल है हर्षित
वफ़ा-ए-बेवफ़ा तेरी हरकत ही ऐसी है
तुझे समझना बड़ा मुश्किल है हर्षित

Tujhe Dil Se Nikalna
Bada Mushkil Hai Harshit
Teri Tarah Banna
Bada Mushkil Hai Harshit
Wafa-E-Bewafa Teri Harkat Hi Aisi Hai
Tujhe Samajhna Bada Mushkil Hai Harshit

92. शायरी 92

हुजूम है लाखों की बदनाम करने को
तू अपने काम से जवाब दे
मिसाल बन उनके लिए जो रोते हैं अपनी क़िस्मत पे
की तू अपने नाम से उनको उड़ाने के ख़्वाब दे

Huzum Hai Lakhon Ki Badnaam Karne Ko
Tu Apne Kaam Se Jawab De
Misaal Ban Unke Liye Jo Rote Hain Apni Kismat Pe
Ki Tu Apne Naam Se Unko Udhane Ke Khwab De

93. शायरी 93

ख़ुद की आँखों में नमी लिए
वो मुस्कुराता रहता है
जानता है कि उनको उसकी अहमियत नहीं थी
वरना कौन दरबदर उसको रुलाता फिरता है

Khud Ki Aankhon Mein Nami Liye
Vo Muskurata Rehta Hai
Jaanta Hai Ki Unko Uski Ahmiyat Nahin Thi
Varna Kaun Darbadar Usko Rulata Firta Hai

94. शायरी 94

दिल तो माफ़ कर देगा
पर याद इन यादों में कमबख़्त रह गई है
तेरा बिछड़ना उतना दर्द नहीं दिया मुझे
जितना तेरी बेशर्म ज़बान कह गई है

Dil To Maaf Kar Dega
Par Yaad In Yaadon Mein Kambakht Reh Gayi Hai
Tera Bichhadna Utna Dard Nahin Diya Mujhe
Jitna Teri Besharm Jabaan Keh Gayi Hai

95. शायरी 95

मौत आ जाए ये दुआ भी करता हूँ
मैं चला जाऊँ ये ख्वाहिश भी रखता हूँ
और तेरे महफ़िल में जो आँसू के दाग लगे है ना मेरे
तू जा ग़ैरों से वफ़ा कर
वो मिट नहीं सकते, ये बद्दुआ भी देता हूँ

Maut Aa Jaye Ye Dua Bhi Karta Hoon
Main Chala Jau Ye Khwahish Bhi Rakhta Hoon
Aur Tere Mehfil Mein Jo Aansu Ke Daag Lage
Hai Naa Mere
Tu Ja Gairon Se Wafa Kar
Vo Mit Nahin Sakte, Ye Badua Bhi Deta Hoon

96. शायरी 96

अब आवाज़ भी सताने लगी है
उसके ना होने की मौजूदगी भी बताने लगी है
जाना ना जाना मैंने कभी इस तन्हाई को
अब तो दर्द-ए-यादें भी दरवाज़ा खड़खड़ाने लगी है

Ab Aawaz Bhi Satane Lagi Hai
Uske Naa Hone Ki Maujudagi Bhi Batane Lagi Hai
Jaana Naa Jaana Maine Kabhi Is Tanhai Ko
Ab To Dard-E-Yaadein Bhi Darwaza Khadkhadane Lagi Hai

97. शायरी 97

गिरा था तेरी दहलीज़ पे मैं भी
और दरियाँ बहायी थी आँखों से मैंने
कभी ज़माना कहता था बेवफ़ा-ए-दगा तुझे
पर तब समझ ना सका तुझे तेरी आदतों से मैंने

Gira Tha Teri Dehleez Pe Main Bhi
Aur Dariyan Bahayi Thi Aakhon Se Maine
Kabhi Zamana Kehta Tha Bewafa-E-Dagaa Tujhe
Par Tab Samajh Naa Saka Tujhe Teri Aadaton Se Maine

98. शायरी 98

तुम पूछोगी कि कैसे भुलाऊ तुझे
तो दोस्त बुरा वक़्त समझ के भुला देना मुझे
तुम्हारे नसीब के लायक़ मैं तो था ही नहीं
अब बस सज़ा-ए-दर्द मुकम्मल हो और मिल जाए मुझे

Tum Puchogi Ki Kaise Bhulau Tujhe
To Dost Bura Waqt Samajh Ke Bhula Dena Mujhe
Tumhare Naseeb Ke Layak Main To Tha Hi Nahin
Ab Bas Saja-E-Dard Mukammal Ho Aur Mil Jaye Mujhe

99. शायरी 99

तेरे चरित्र पे दाग़ ना लगने दूँगा
ख़ुद बेवफ़ाई का चोला ओढ़ लूँगा
तेरा ज़िकर ना करूँगा मैं कभी ज़माने से
ख़ैर, अब तो अंधेरे का साया मैं बन के चलूँगा

Tere Charitra Pe Daag Naa Lagne Dunga
Khud Bewafai Ka Chola Odh Lunga
Tera Zikr Naa Karunga Main Kabhi Zamane Se
Khair, Ab To Andhere Ka Saaya Main Ban Ke Chalunga

100. शायरी 100

ग़म लिए मैं चौखट-चौखट फिरा
फ़क़ीर समझे ज़माना, किसी का ना किवाड़ खुला
ठोकर खाते-खाते पहुँचा दर किसी के
सोचा रहम-ए-हमदर्दी मिलेगी
पर जानते हो क्या
फिर से दिल-ए-हर्षित के साथ ही खिलवाड़ हुआ

Gam Liye Main Chaukhat-Chaukhat Fira
Fakeer Samjhe Zamana, Kisi Ka Naa Kiwad Khula
Thokar Khate-Khate Pahucha Dar Kisi Ke
Socha Rehm-E-Humdardi Milegi
Par Jaante Ho Kya
Fir Se Dil-E-Harshit Ke Saath Hi Khilwad Hua

101. शायरी 101

एक अलविदा ऐसा होगा
कि ना तेरा आना होगा, ना तेरा जाना होगा
बस अब मुबारकबाद देनी है तुझको
कि भुला दिया है तुझको अपनी यादों से
कि अब ना मेरा आना होगा

Ek Alvida Aisa Hoga
Ki Naa Tera Aana Hoga, Naa Tera Jana Hoga
Bas Ab Mubarakbaad Deni Hai Tujhko
Ki Bhula Diya Hai Tujhko Apni Yaadon Se
Ki Ab Naa Mera Aana Hoga

102. शायरी 102

देख रहा हूँ अक्सर
सादगी उसकी आँखों में
और जादू उसकी बातों में
ये प्यार, मोहब्बत का फ़लसफ़ा क्या है ?
जब कशिश ही है वो
तो खोना है हमको उसकी यादों में

Dekh Raha Hoon Aksar
Saadgi Uski Aakhon Mein
Aur Jaadu Uski Baaton Mein
Ye Pyar, Mohabbat Ka Falsafa Kya Hai ?
Jab Kashish Hi Hai Vo
To Khona Hai Humko Uski Yaadon Mein

103. शायरी 103

दिल टूटा साज़ हूँ, फिर भी तेरी पहचान हूँ
तू ख़ुद से कैसे रुख़सत होगी, जब कि मैं ही तेरा जहान हूँ
तू पलट के कह देगी, "बेवफ़ा" मुझे शायद
पर याद रख, कि मैं ही तेरी साँसों की जान हूँ

Dil Toota Saaz Hoon, Fir Bhi Teri Pehchan Hoon
Tu Khud Se Kaise Rukhsat Hogi, Jab Ki Main Hi Tera Jahaan Hoon
Tu Palat Ke Keh Degi, "Bewafa" Mujhe Shayad
Par Yaad Rakh, Ki Main Hi Teri Saanson Ki Jaan Hoon

104. शायरी 104

की कभी फुर्सत मिले तो याद करना
इस महफ़िल में आज भी आग जलती है
बस फ़र्क़ इतना सा है
की वो लपटें अब मेरी तकलीफों से उठती है

Ki Kabhi Fursat Mile To Yaad Karna
Is Mehfil Mein Aaj Bhi Aag Jalti Hai
Bas Fark Itna Sa Hai
Ki Vo Laptein Ab Meri Takleefon Se Uthti Hai

105. शायरी 105

वो कहती है, मुस्कुराने से तेरे
मेरी जिंदगी बाहर है
तू बेवफा ही सही
मेरी किस्मत बदनाम है
हर्षित नाम तेरा रखा जिसने भी
वो क्या जाने कि ये जनाब
बेशर्म-ए-हया भुलाने की चीज़ सरेआम हैं

Vo Kehti Hai, Muskurane Se Tere
Meri Zindagi Bahaar Hai
Tu Bewafa Hi Sahi
Meri Kismat Badnaam Hai
Harshit Naam Tera Rakha Jisne Bhi
Vo Kya Jaane Ki Ye Janab
Besharam-E-Hayaa Bhulane Ki Chiz Sareaam Hai

106. शायरी 106

मोहब्बत-ए-किताब जिसने-जिसने लिखी है ना
उसने एक बार अपना घर जलाया होगा
लोग तो कहते, नसीब वाला है वो
पर क्या जाने वो, उसने कितनों से ज़ख़्म छुपाया होगा

Mohabbat-E-Kitaab Jisne-Jisne Likhi Hai Na
Usne Ek Baar Apna Ghar Jalaya Hoga
Log To Kehte, Naseeb Wala Hai Vo
Par Kya Jaane Vo, Usne Kitnon Se Zakhm Chhupaya Hoga

107. शायरी 107

हर दर्द, हर स्याही में
तेरा ज़िक्र करूँगा
मर मैं रहा हूँ ना
तुझे भी मौत तक ला के मरूँगा
वैसे तो पिंजरों में पंछी रहते हैं ना
पर तुझे तो जहन्नुम-ए-क़ैद दिला के रहूँगा

Har Dard, Har Syahi Mein
Tera Zikr Karunga
Mar Main Raha Hoon Naa
Tujhe Bhi Maut Tak Laa Ke Marunga
Vaise To Pinjron Mein Panchi Rehte Hain Na
Par Tujhe To Jahannum-E-Qaid Dila Ke
Rahunga

108. शायरी 108

कुछ खामोश सा हूँ, कुछ उलझन में भी
सफ़र कहाँ तक जाएगा ये भी पता नहीं
मसला तो बस सुकून का था
ख़ैर, अब वो भी कहीं मिला नहीं

Kuch Khamosh Sa Hoon, Kuch Uljhan Mein Bhi
Safar Kahan Tak Jayega Ye Bhi Pata Nahin
Masla To Bas Sukoon Ka Tha
Khair, Ab Vo Bhi Kahin Mila Nahin

109. शायरी 109

कहते-कहते वो कुछ कह गई
कि तू घाट बनारस-सा होगा
डूबते सूरज को देखना
क्योंकि तू आसमान-ए-शाम सा होगा
बेचैनी तुझे मेरे जाने की ज़रूर होगी
पर याद रखना सीख इस राधा की
अगर तू सच में मानता होगा
मिल जाएगी तुझे भी तेरी रुक्मिणी
बस इंतज़ार का फल थोड़ा लंबा होगा
तू हारना नहीं इस ज़माने से
और बस याद रखना
तेरे पीछे तेरा कान्हा हमेशा खड़ा होगा

Kehte-Kehte Vo Kuch Keh Gayi
Ki Tu Ghat Banaras-Sa Hoga
Dubate Suraj Ko Dekhna
Kyonki Tu Aasmaan-E-Shaam Sa Hoga
Bechaini Tujhe Mere Jaane Ki Zarur Hogi
Par Yaad Rakhna Sikh Is Radha Ki
Agar Tu Sach Mein Manta Hoga
Mil Jayegi Tujhe Bhi Teri Rukmini

Bas Intezaar Ka Fal Thoda Lamba Hoga
Tu Haarna Nahin Is Zamane Se
Aur Bas Yaad Rakhna
Tere Piche Tera Kanha Hamesha Khada Hoga

कविता 01 - इंतज़ार

इंतज़ार, हर पल और लम्हा करता हूँ
इंतज़ार, हर दिन और रात करता हूँ
कि एक नया सवेरा होगा
एक नई लौ जलेगी
खुशियों के अंबार लगेंगे
और चेहरे पे मुस्कुराहट खिलेगी
फिर जो ना मिला मुझे
वो सब मिल जाएगा
जो खोया भी होगा ना मैंने
वो लौट के वापस आएगा
करता हूँ इंतज़ार इसलिए
कि जानता हूँ ख़ुद मैं
कि वक्त से पहले
कुछ नसीब में नहीं होता
करता हूँ इंतज़ार इसलिए
कि उसके आने के बाद
खड़ा होने लायक़ रहूँगा
सौ सपने भी देखता हूँ रोज़
पर इंतज़ार करना पड़ता है
जानता हूँ ख़ुद को मैं
बस इंतज़ार करना पड़ता है
छोटी-छोटी खुशियों के लिए
ज़िंदगी से अर्ज़ियाँ लगाता हूँ
वो सुनती तो है

कविता 01 - इंतज़ार

मुझे समझती भी है
सब मिलेगा मुझे
बस थोड़ा इंतज़ार करना पड़ता है
इसलिए,
इंतज़ार, हर पल और लम्हा करता हूँ
इंतज़ार, हर दिन और रात करता हूँ
शायद वो आएगी
तो क़ाबिल रहूँगा मैं
जब वो दिखेगी
तो सँवर जाऊँगा मैं
इंतज़ार, हर पल और लम्हा करता हूँ
इंतज़ार, हर दिन और रात करता हूँ

कविता 02 - सब जानते हुए भी नहीं समझता

एक संवाद है
एक सखी के साथ है
कहती है, "सब जानते हुए भी नहीं समझता"
अब कैसे समझाऊँ इस मन की दुविधा उसको
ज्ञानी हो कर भी
अज्ञानी का काम मैं ऐसा करता हूँ
जानते हुए भी सब कुछ
मैं अपने दिल को जलाता रहता हूँ
ऐसा मैंने क्या पाप किया
इस मन से हर पल पूछता हूँ
पर उत्तर कभी मिलता नहीं
मैं इस प्रश्न में उलझा रहता हूँ
एक मनुष्य के लिए दो भाव
मैं अपने इस रूप से बहुत डरता हूँ
अगर देख लूँ आँसू उसकी आँखों में
तो अंदर दया भाव सा उठता है
मानो अभी जा के उसको गले से लगा लूँ
सब माफ़ कर के उसको अपना फिर से बना लूँ
पर देखो अब क्रोध ये कहता है
"गलती एक बार कर दी तूने
अब कितनी बार करेगा
माफ़ पहले भी किया था
अब कितना तू सहेगा
संभल जा तू अब

कविता 02 - सब जानते हुए भी नहीं समझता

ख़ुद को ना पीड़ा दे
आगे बढ़ नए रास्ते पे
ख़ुद को ना उलझा अब
जानता हूँ तू समझता है उसको
पर समझने की उसकी बारी है
अब वो समझेगी तो तू कह पाएगा
कि तेरी दोस्ती सच्ची यारी है"
फिर दयावान मन कहता है
"नाम हर्षित हो कर भी
काम बेशर्मों सा करता है
अपने मित्र को रुला कर
तू इसी द्वेष में मरता है
अब माफ़ी तू माँग कर
शायद एक दोस्त बचा सकता है
साथ बैठा कर
तू उसको दिल से समझा सकता है"
अब किसकी सुनूँ मैं
ये समझ ना पाता हूँ
ज्ञानी हो कर भी
अज्ञानी का काम मैं ऐसा करता हूँ
इन यादों को इन यादों में मैं दफ़ना नहीं पाता
मैं सब जानते हुए भी नहीं समझता
सब जानते हुए भी नहीं समझता

www.ingramcontent.com/pod-product-compliance
Lightning Source LLC
LaVergne TN
LVHW090415210926
848480LV00002B/573